O GUIA MAIS EFICAZ PARA O SUCESSO DOS FUNCIONÁRIOS

AUMENTE O SEU SALÁRIO

"APRENDA ESTRATÉGIAS EFICAZES PARA ELEVAR O SEU CRESCIMENTO PROFISSIONAL, GANHAR CREDIBILIDADE E VALOR, E TORNAR-SE NO FUNCIONÁRIO MAIS CONFIÁVEL"

Autor

Sr. Swapnil P. Modi

M.B.A. (HR) e LL.B. (Medalhista de ouro)

Atenção

Qualquer cópia que seja feita de qualquer meio, modo ou forma, ou reprodução, armazenamento, impressão ou transmissão de qualquer forma de qualquer parte deste livro sem o consentimento prévio por escrito do autor implicará em ação civil e criminal, sem qualquer aviso prévio.

Copyright © 2020 Swapnil Modi
Todos os direitos reservados.

Índice

Reconhecimentos 4
Prólogo 9
O quê tem para mim? 13
Porquê? 15
Como? 30
Mudança de mentalidade 44
Tome uma atitude 62
Termine o que começou. 68
Cenário atual 73
Zero para herói 78
Peça um aumento 92
Mantenha um estado de espírito calmo 99
Teoria dos 1000 dias 107
Conclusão 121
Objetivos Profissionais 127
Aviso Legal 128
Créditos 131
Sobre o autor 132
Nota de agradecimento 134

Reconhecimentos

Este livro consiste no meu esforço sincero para colocar em um só lugar todos os truques necessários para que consiga subir na sua carreira profissional. Embora compilar vastas informações sobre esses tópicos seja uma tarefa quase impossível, todos os esforços foram feitos para incorporar os elementos essenciais que serão necessários para aumentar o seu nível de carreira.

Sou sinceramente grato às seguintes pessoas que desempenharam um papel importante ao me levarem adiante na jornada de escrever este livro:

Sempre serei grato ao advogado Krishna S., aquele que me inspirou a escrever este livro, e por ser meu primeiro leitor e me dar feedback construtivo e contínuo na conclusão deste livro.

Obrigado, obrigado, obrigado à minha designer, Marmie S., pela sua visão criativa ao desenhar a capa do meu livro.

Também sou muito grato ao revisor (José Rodrigues) pela verificação e correção em sintaxe e escrita para esta tradução num curto período de tempo, para que os meus leitores tenham a melhor experiência de leitura.

Meus agradecimentos também vão para meus mentores e a minha equipa de gestão pelo seu apoio incomparável. Sem este eu não teria chegado a este nível.

Também sou profundamente grato a minha amorosa mãe Kashmira Chotubhai Rakhashia, e a meu irmão mais novo, Vicky Prafulkumar Modi, pelo seu constante amor e apoio, junto com as bênçãos de meu falecido pai, Shri. Prafulkumar Natawarlal. Modi.

Além disso, meus amigos. Sem vocês, minha vida estaria incompleta.

Obrigado a todos por sempre acreditarem em mim e me darem suas bênçãos e enorme amor. Eu sou deveras abençoado por vos ter a todos na minha vida.

Aproveito esta oportunidade para me comunicar com todos os profissionais em atividade e transmitir-lhes uma mensagem simples:

****

"Trabalhe não apenas para sobreviver, mas para adquirir conhecimento."

"Trabalhe não só por trabalhar, mas trabalhe com total dedicação".

"Trabalhe não apenas para pagar suas dívidas, mas para crescer na sua carreira profissional".

****

Sugestões por parte dos meus leitores são muito bem-vindas, e nada neste livro tem como objetivo ofender alguém, expressa ou implicitamente.

E inúmeros agradecimentos ao DEUS TODO PODEROSO, por sempre me apoiar e tornar possível o impossível, com seu apoio incondicional.

Prólogo

Admita, você já deve ter pensado que é mal pago, ou que deveria receber um pouco mais por todo o trabalho que está fazendo atualmente. Se sim, já pensou nas diferentes possibilidades de melhorar o seu desempenho para aumentar seu salário? Se você aceitou mentalmente o seu salário existente, então isso é tudo que você receberá e nada mais. Algumas pessoas ficam bastante felizes em permanecer na mesma função ao longo da sua carreira e não querem progredir. Todos querem subir, mas poucos são capazes de o fazer. Sabe porquê? É uma questão de preferência pessoal, e se você está feliz com o cenário atual, mesmo que o seu salário seja baixo, mas se se consciencializou com essa ideia, não fará nenhum esforço para a mudar. A escolha é totalmente sua; se você pensar assim pela primeira vez, será bombardeado com muitas perguntas interligadas e pensamentos relacionados àquele ponto que você conscientemente pensou. E se eu disser: **SIM! Você pode "AUMENTAR O SEU SALÁRIO"**. O que acha desta ideia?

Tenho encontrado muitos profissionais em mais de 15 anos de experiência pessoal corporativa e uma coisa que posso dizer é que nem todo indivíduo é um empresário nato, claro que sem ofender quem o é. No entanto, notei que existe um grande número de profissionais que amam o seu trabalho ou desenvolveram a sua zona de conforto e não desejam quebrar as próprias limitações que criaram e que fingem amar o seu trabalho.

Podem existir muitos motivos, alguns deles podem ser:

• Eles não desejam correr riscos. (Muitas vezes as pessoas têm medo de aceitar novos desafios.)

• Eles gostam de continuar da forma como estão trabalhando e permanecer na sua zona de conforto.

• Eles construíram um relacionamento na sua organização por um período de tempo considerável, que não querem perder. Afinal, leva algum tempo para construir confiança.

• Eles não desejam reunir a sua boa vontade e ingressar num novo empregador e começar a construir um novo relacionamento com este.

• Eles têm um compromisso familiar que é prioritário do que consta a correr riscos.

• Eles têm compromissos financeiros e não desejam colocar todos em RISCO entrando no empreendedorismo.

O quê tem para mim?

Depois de ler este livro e implementar essas estratégias no seu trabalho, você será capaz de melhorar a sua postura profissional, criar dignidade, aumentar o seu crescimento por ganhar mais valor à sua organização e se tornar no funcionário mais confiável. As etapas narradas neste livro estão na forma de capítulos que o farão repensar sobre a sua posição existente em sua organização. Ao mesmo tempo, você também deve ter um vislumbre da sua futura função na empresa onde trabalha. Lembre-se, o primeiro passo é **"Visualize"** e dê a si mesmo uma ordem regularmente e tenha absoluta certeza de que adquiriu essa nova posição na sua organização. Depois de se imaginar nessa posição, deve seguir o seu plano de ação. Certifique-se de que todas as suas ações estão indo na direção correta e você alcançará seus objetivos em um futuro muito próximo.

Porquê?

Mas porque quer AUMENTAR O SEU SALÁRIO? Se você quiser permanecer no emprego que possui de momento, trabalhando para o empregador atual, pode pedir um aumento de salário no trabalho ou ganhar valor individual. Pedir um aumento salarial é também uma das formas de obter um valor mais elevado, mas antes de pedir um aumento, devem colocar-se as seguintes questões:

i) Por que motivo estou pedindo o aumento da taxa?

ii) Estou pedindo apenas o aumento da taxa padrão da empresa que será aplicável a outros membros da equipa?

iii) Estou pedindo um aumento de salário decente que está além dos padrões da empresa?

iv) É igualmente proporcional ao trabalho que entreguei no ano anterior?

v) Que valores adicionais acrescentei à empresa?

vi) Eu entreguei trabalho extra além das minhas funções / obrigações esperadas no ano anterior? e poucas perguntas semelhantes.

A ideia não é que perca motivação ou impedi-lo de pedir o aumento de salário, mas, eventualmente, isso o ajudará a tornar-se mais confiante ao falar por si mesmo, pois tem todas as suas realizações e resultados do ano anterior à mão. Você também demonstrou a sua dedicação para com a sua empresa e estabeleceu uma referência para si mesmo. Portanto, se for capaz de apresentar efetivamente os seus esforços, trabalho e conquistas do ano anterior, sem dúvida, você receberá uma os frutos do seu esforço.

No entanto, se não estiver mentalmente preparado para isso, será um pesadelo obter um aumento decente do seu salário. Você deve obter o que merece, seja sua apreciação ou promoção. É uma teoria simples de uma vida feliz: se você está feliz, isso significa que está satisfeito.

Tenho visto muitos membros da equipa que trabalham duro em organizações corporativas que não conseguem uma boa impressão devido à sua incapacidade de mostrar seus esforços, mas também há 5% de pessoas em todas as organizações que trabalham de forma inteligente e retratam seu trabalho de maneira mais eficaz para obter o reconhecimento da gestão e eles conseguem de certeza um aumento decente no seu salário.

Anote todas as responsabilidades adicionais que você assumiu, e todas elas devem estar além das suas funções e responsabilidades que são esperadas de si.

Escreva seu trabalho extra

- Faça uma avaliação do seu trabalho anual pelo qual está sendo pago. Anote todas as suas principais responsabilidades no espaço de escrita fornecido abaixo:

_____

_____

_____

_____

_____

_____

_____

_____

_____

_____

_____

_____

_____

_____

20

- É realmente um ponto notável; anote seus valores adicionais que impulsionaram o crescimento de sua empresa de alguma forma.

_____
_____
_____
_____
_____
_____
_____
_____
_____
_____
_____
_____
_____
_____
_____

Escreva suas iniciativas extras

- Todas as iniciativas que você tomou no ano anterior (novamente, isso deve ser além das suas obrigações e responsabilidades regulares de trabalho).

_____
_____
_____
_____
_____
_____
_____
_____
_____
_____
_____
_____
_____

- Esforços extras que você dedicou à sua equipa e aos membros da equipa para que alcancem as suas tarefas e metas.

Esforço extra:

_____
_____
_____
_____
_____
_____
_____
_____
_____
_____
_____
_____
_____
_____

- Qualquer tarefa que você tenha realizado envolvendo a melhoria de processos ou que tenha aumentado a produtividade da equipa.

Tarefa adicional:

_____

_____

_____

_____

_____

_____

_____

_____

_____

_____

_____

_____

_____

_____

Esteja preparado para justificar o número que está sendo pedido na sua revisão salarial:

Antes de começar a pedir um aumento salarial e apresentar suas expectativas, você deve se perguntar:

- ✓ Você tem experiência suficiente para que lhe seja aumentado o salário? Você está qualificado para uma revisão salarial?
  - Normalmente, a revisão salarial ocorre anualmente nas empresas ou semestralmente, dependendo da estrutura da organização. Verifique isso primeiro e, se ainda tiver dúvidas, pergunte ao seu supervisor mais próximo.

- ✓ Você conversou sobre isso com seu supervisor?
  - Discuta sobre a compensação com seu supervisor e diga qual a sua expectativa, com base no trabalho entregue. Discuta como se sente em relação ao seu salário com.

- ✓ O seu desempenho mostra que vale a pena prosseguir com um aumento de salário?
  - Se você alcançou suas metas anuais atribuídas, pode pedir com segurança um bom aumento de salário; se você está falhando em atingir as suas metas, então não estará em posição de exigir um bom aumento.

- ✓ Você aprendeu novas habilidades ou concluiu algum tipo de treino adicional em comparação com outros para obter um aumento no seu salário?
  - Se adquiriu novas habilidades que o tornam mais valioso como funcionário do que outros que ajudaram no crescimento da organização, então deve exigir um aumento.

Como?

Em vez de pensar no seu passado e ficar desmotivado com a sensação de "mal pago" e que isso estrague o seu humor, "Investir ... Investir ... Investir ..." esse mesmo tempo em melhorar suas habilidades, melhorar a sua posição atual e se preparar para os desafios e requisitos futuros. Essas novas habilidades e novos conhecimentos, juntamente com um estado de espírito positivo, durarão para sempre se praticadas regularmente. Lembre-se, os erros e falhas do passado não devem prejudicá-lo porque já não existem e não podemos mudar isso. Quanto mais cedo conseguir aceitar, mais cedo vai superar as emoções negativas e desenvolver uma mentalidade positiva. Aprenda sempre com os erros e lições do seu passado e não as repita.

Vamos ver algumas das etapas comprovadas que podem ajudá-lo a crescer na sua organização.

Assumindo responsabilidade extra

Seja responsável e aumente a sua obrigação moral, cumprindo com os seus compromissos. Defina uma expectativa mais alta e entenda quais as suas responsabilidades. Fique um pouco mais relaxado e equilibre o seu tempo e trabalho para um melhor desempenho. Quando se sentir mais responsável, o trabalho é executado com mais eficiência e eficácia e tentará assumir a responsabilidade extra de tarefas adicionais para além das que lhe foram atribuídas. A prestação de contas o tornará mais responsável, progressivo e permite que possa avaliar o seu sucesso. Esta é a única maneira de se esforçar para ser melhor e ser um funcionário responsável, dando o melhor resultado para a sua empresa.

Pelo crescimento panorâmico da personalidade:

Enquanto trabalha numa organização, tem que passar por uma situação diferente que vai contra o seu conjunto de crenças. Portanto, para o crescimento da organização, você precisa aceitar aquelas situações que são benéficas para a organização e deve sair de sua zona de conforto.

Mostrando sua abordagem e atitude positivas para aceitar novos desafios

Mantenha a sua abordagem e atitude positivas para aceitar novos desafios para com os seus superiores. O primeiro passo é pensar positivo e responder positivamente. Usando um vocabulário mais complexo, podemos realmente mudar a maneira como falamos e escrevemos. Aprenda a administrar o stress e a situação de novos desafios sem medo. Em vez de usar palavras como 'problema' ou 'questão', use palavras como 'situação' e aceite todas as 'situações' que chegarem. O segundo passo são as reações. Em vez de dizer 'é difícil' e 'não posso' usar 'é desafiador, mas interessante' e 'eu posso e vou'. Não tornaria a tarefa mais fácil, mas sim, o tornará mais forte e o manterá focado no seu trabalho. Certamente o ajudará a sair da sua zona de conforto e o incentivará a atualizar suas habilidades (se necessário) para atender à exigência do cenário em constante mudança. Lembre-se de que já GANHOU metade da batalha ao aceitar o novo desafio, porque enfrentá-lo vai provocar uma mudança maior dentro de você. Agora é a hora de dar o máximo de rendimento com o mínimo de entrada para com a empresa e ser recompensado.

Ao aprender as habilidades necessárias para completar a tarefa realizada por você

Expresse o seu interesse em participar e em programas de treinamento e desenvolvimento interno organizados por sua empresa. Estas têm cursos de desenvolvimento pré-programados, como cursos de atualização para os funcionários existentes. Inscreva-se para participar nesses programas. Não hesite em aderir a esses programas de atualização rápida. Às vezes, devido à agenda de trabalho ocupada, temos tendência a esquecer alguns procedimentos e informações básicas dos nossos produtos e serviços. Ao aderir a estes programas de atualização de conhecimento, aprenderá muitas coisas novas ou terá a chance de revisitar os principais benefícios de produtos e serviços num ritmo acelerado que pode ser útil para você no seu trabalho e, com a ajuda desses principais benefícios, você também pode aumentar a sua conversão e melhorar o seu desempenho. Inscreva-se para alguns cursos online de desenvolvimento de habilidades. Aprenda uma nova maneira de concluir a mesma tarefa, se possível de maneira mais eficiente. Se aprender algo novo, poderá apresentar novas idéias à sua gerência para aprovação sobre a incorporação de um novo processo ou atualização de um processo ou política existente. Você será imediatamente notado ao mostrar o seu interesse em melhorar os processos e políticas existentes para o benefício de todos. Seja proativo ao solicitar algum tipo de treino de atualização ou uma breve formação sobre algum produto ou serviço específico oferecido pela sua empresa para esclarecer todas as suas dúvidas e melhorar seu desempenho.

Ao ficar longe da negatividade externa

A negatividade é uma espécie de tóxico que corrompe todo o seu sistema. Fique longe das pessoas de mente negativa ao seu redor. Isso afetará sua hierarquia e o manterá negativo por dentro. Temos uma excelente ilustração : existia um macaco que tentava subir a uma árvore e outro macaco que não o deixava subir na mesma árvore puxando-o pelo rabo. Ele tentou várias vezes trepar aquela árvore e infelizmente não conseguiu escalar apenas por causa daquele outro macaco. Finalmente o macaco desistiu de subir naquela árvore e foi em frente para encontrar outra árvore para subir. Surpreendentemente, ele trepou a árvore rapidamente. Portanto, a mensagem nele diz: fique longe de pessoas de mente negativa do seu grupo pessoal e profissional porque nem eles fariam isso nem deixariam que outros o fizessem.

Evite fofocas e comentários sobre outros trabalhadores

Fique longe de fofocas e boatos, isso baseia-se simplesmente na passagem de algumas informações irrelevantes de um lugar para outro. Se a informação for essencial, então ela seria compartilhada pela gestão em todo o quadro e, se for o contrário, não há por que discutir e perder seu tempo.

Fazendo esforços para cumprir sua tarefa

Primeiro, entenda a sua tarefa no seu todo. Lembre-se de que você é a melhor pessoa que conhece todas as habilidades necessárias para concluir a sua tarefa. Use sua inteligência com habilidades recém-aprendidas e obtenha o resultado desejado de maneira mais eficaz. Depois de dominar a arte de realizar a sua tarefa de maneira mais eficiente e eficaz, ensine os membros de sua equipa a fazê-lo também. Será mais fácil para eles adaptarem a sua metodologia para atingirem os objetivos. No final, você será reconhecido não apenas por dominar a arte de realizar as suas tarefas da melhor forma possível, mas também por ajudar os outros (membros de sua equipa) a atingir os seus objetivos ou a concluir as tarefas que lhes foram atribuídas de forma mais eficaz. Isso mostra sua personalidade de liderança e sua vontade de crescerem juntos como um grupo.

Ajudando outra equipa
Depois de dominar a sua tarefa individual que foi atribuída pelo seu

supervisor, seja proativo para aprender mais algumas tarefas novas de outra equipa. Solicite formação multifuncional de outras divisões (se possível) para auxiliá-los em momentos de alto fluxo de trabalho ou em caso de indisponibilidade do pessoal existente por qualquer motivo (licença ou doença). Isso é conhecido como "treinamento multifuncional" e é muito apreciado no ambiente corporativo. Com isso, você será capaz de realizar algumas das tarefas de outra equipq (somente após completar a sua tarefa diária pessoal atribuída pelo seu supervisor) e ofereça ajuda a outro líder de equipa, especialmente quando estão trabalhando com grande esforço para concluir algumas das tarefas urgentes com menos funcionários. Isso fará com que você seja notado pela gestão e também estará construindo um bom relacionamento com outros líderes de equipa com quem não trabalha diretamente.

Pela aprendizagem constante

"Dobre o seu valor para a empresa." **Sempre traga mais para a mesa do que recebe, "torne-se inestimável."**

Os que ganham altos salários não se preocupam apenas com o seu trabalho, eles trabalham neles próprios também. Quando você aprende algo, isso o ajuda a abordar os seus problemas de uma maneira diferente. Em breve você desenvolverá uma atitude para encontrar rapidamente soluções para os seus problemas e crescer. Ao aprender coisas novas, você também pode ajudar outras pessoas. A vida em si é uma longa experiência de aprendizagem e precisamos continuar a ganhar mais conhecimento e adquirir novas habilidades, que o ajudarão a se tornar uma pessoa de sucesso.

Ao se manter atualizado com os assuntos atuais, as mudanças materiais em sua empresa e descobrir maneiras de superar quaisquer obstáculos previsíveis que possam criar problemas ou prejudicar os seus negócios de qualquer maneira, isso o tornará um recurso excepcional na sua organização.

****

"Duplique o seu valor para a empresa."

Y

Traga sempre mais para a mesa do que aquilo por que é pago, "torne-se inestimável."

****

Mudança de mentalidade

"Desenvolva uma paixão por aprender. Se você fizer isso, você nunca vai parar de crescer."
- Anthony J. D'Angelo

A sua mentalidade requer um crescimento e deve ser mantida atualizada regularmente. Isso indica que sua mentalidade está sob seu controlo. É a chave primária para o seu sucesso. Frequentemente, as pessoas sentem-se poluídas pela negatividade ao seu redor. Tenho certeza de que você já deve ter ouvido falar deste famoso ditado "**Uma mente vazia é uma oficina do diabo.**" Portanto, não mantenha sua mente vazia ou ocupada com pensamentos improdutivos. Em vez disso, invista esse mesmo tempo a aprender algo novo, como um novo idioma, um novo programa ou desenvolver um novo hobby ou aprender algo pelo qual você é apaixonado.

Sair da mentalidade de estereótipo

A mentalidade estereotipada está em toda a parte. Sim, é difícil ignorar, mas podemos vencer isso sendo uma alma confiante, feliz e satisfeita. Nossos pais são as melhores pessoas para nos ajudar; são eles que sempre nos valorizaram, mesmo que não sejamos bons o suficiente. O primeiro passo que precisamos dar é mudar o cenário que carregamos nas nossas mentes desde há muito tempo. Precisamos mudar as nossas mentes, as nossas ideologias e o nosso processo de pensamento para fazer algo acontecer de forma positiva.

Supere todos os mitos que ouvimos até agora e acredite em si mesmo e aja de acordo.

Pergunte a si mesmo, sua alma interior vai responder.

Todos nós temos um superpoder oculto dentro de nós, que é nossa alma, que por sua vez está conectada ao eu divino. O eu divino é o que o fortalece e o faz fazer maravilhas. É a luz da alma em nosso nícleo que escolhe encarnar neste momento. Ele está sempre ciente e tem pensado desde que você começou a existir nesta vida e desde o seu nascimento em outras vidas. Apenas sinta e pense sobre isso, sua alma responderá a todas as suas perguntas. Tente se conhecer primeiro, descubra quais os seus hobbies, quais os seus objetivos e a sua área de interesses e o que não gosta. Uma vez que tenha descoberto qual o seu interesse e objetivo, apenas se apegar a ele o ajudará a realizar o trabalho no próximo nível em sua área / campo de interesse. Em seguida, escolha a sua carreira / empregador, o que lhe dá a oportunidade de explorar seu interesse pessoal e, sem dúvida, você se destacará na sua carreira profissional.

Por todas as suas ações de hoje, você será pago amanhã.

Tudo neste universo tem um ciclo, como o tempo, estações, revoluções, idades, etc. Karma tem um ciclo, o que resulta em receber de volta o mesmo que você deu. O que quer que você dê, receberá de volta como resultado e, se trabalhar hoje, será pago amanhã. Não há como obter o seu resultado imediatamente.

Você não pode obter as reações sem nenhuma ação. Sempre invista o seu tempo fazendo coisas frutíferas e lembre-se de que paciência e perseverança são igualmente importantes.

Aprenda habilidades profissionais adicionais.

Outrora o 11º Presidente e 'O Homem dos Mísseis' da Índia, **Dr. A.P.J. Abdul Kalam** disse **"Vou adquirir conhecimento continuamente."** Não há idade ou limites específicos para estudar e aprender algo novo. No ambiente competitivo de hoje, a aquisição contínua de uma nova habilidade é muito essencial. Hoje em dia existe uma competição forte no mercado, está cada vez mais difícil ser promovido em qualquer empresa e na vida pessoal também. Aprender habilidades adicionais pode aumentar sua concentração, confiança e autoestima. Você deve continuar aprendendo algumas habilidades adicionais ao longo de sua vida.

Gestão de tempo

Uma gestão eficiente da entidade mais poderosa de nossa vida é conhecida como 'TEMPO' e é tão importante quanto nossa vida. Se você não consegue administrar seu tempo, não pode administrar sua vida e estará para sempre em ruínas. É importante organizar-se bem para administrar seu tempo. Você deve começar a definir metas de curto e longo prazo; isso permite que você priorize o que você precisa realizar. Gerir o seu tempo de forma eficaz, você pode fazer um trabalho adicional além do seu trabalho diário atribuído. Digamos que se alguém de sua equipa lhe pediu um favor para ajudá-lo a preparar um relatório, você pode fazer isso sem condicionar o seu trabalho diário. E a parte mais importante da gestão do tempo é a 'GESTÃO DO STRESS', deve manter-se mentalmente saudável, o que o ajudará a lidar com o stress. Depois de aprender a arte de administrar o tempo, você obterá muitos benefícios, como menos stress e fricção, e poderá adquirir realizações maiores. Ao praticar tudo isso, você organizará seu trabalho diário facilmente e será capaz de administrar algum tempo para sua família, amigos e tempo pessoal também.

Desenvolva o seu interesse pelo trabalho.

O interesse é o principal fator de sua mentalidade. Você deve se manter motivado e, para permanecer motivado, deve recompensar-se regularmente. Se algum pensamento tentar derrubá-lo, lance-o para fora da sua mente. Isso o manterá energizado e o seu pensamento positivo aumentará a energia de seus colegas também. Se você está interessado no seu trabalho, vai colocar toda a sua força nele e obterá os melhores resultados, mas se não estiver, ele continuará a desmotivá-lo e você perderá a batalha. Se você conhece os seus objetivos, não se distrairá do trabalho. Então, o mais importante é que você deve trabalhar no seu campo de interesse.

Leia livros

Os livros são os melhores amigos dos seres humanos. Conhecimento é muito importante neste mundo, se você continuar atualizando seu conhecimento, ele o tornará mais sábio e confiante. Existem muitos livros que o ajudarão a manter sua mente forte e motivada.

Alguns dos meus livros inspiradores favoritos são:

"O SEGREDO" e "O PODER"
      por Rhonda Byrne.

"Pense e fique rico"
      por Napoleon Hill.

"Pai Rico Pobre Pai"
      por Robert Kiyosaki

O poder da sua mente subconsciente
>   por Dr. Joseph Murphy

"Você pode vencer"
>   por Shiv Khera

"Switch: Como mudar as coisas quando a mudança é difícil"
>   por Chip Heath e Dan Heath.

"Os segredos para uma vida mágica"
>   por Vikram Khaitan.

"Pensar fora da caixa"
>   por Som Bathla..

Você deve ler esses livros ou livros semelhantes para o rejuvenescimento. Eles o motivarão a atingir seus objetivos. Lembre-se, pessoas de sucesso têm sua biblioteca pessoal e lêem constantemente vários artigos, livros, teses, negócios, documentos sobre economia e atualidades, e aumentam seus conhecimentos.

Mude a sua abordagem em relação à sua vida

Mudar a sua abordagem é a melhor maneira de obter melhores resultados. Se está preso em algum lugar e pensa "Não consigo", tente mudar a sua abordagem em relação a isso. Analise como você está fazendo esse trabalho e anote; agora tente encontrar uma solução para essa situação com uma nova abordagem (diferente da que foi escrita anteriormente). Faça experiências e explore novas maneiras para você mesmo e, assim que encontrar uma nova abordagem que funcione para si, ajude outras pessoas compartilhando a sua ideia. Tente dizer "não" se achar que isso é tóxico para a sua vida. Não aceite nada que o puxe para baixo.

Supere o medo do atraso

Faça seu trabalho com honestidade e 100% empenho. Tente explorar e encontrar algumas idéias criativas na sua mente. Pode ser possível que demore um pouco mais de tempo, mas se você conseguir garantir o resultado esperado (se vencer), receberá o reconhecimento da alta administração. De alguma forma, se você falhar, você aprendeu uma lição e ainda mostrou esforços em assumir novos desafios, quando outros não; isso mostrará sua abordagem positiva à frente dos seus superiores. No final, você será recompensado por seu trabalho e esforços extras.

Aplicar a regra de 80-20% - "Você não pode satisfazer a todos, mas pode satisfazer e ganhar 80%"

Nem sempre que sua ideia seria negligenciada ou você sofreria bullying por algum motivo; a regra 80-20 diz: concentre-se em 80% e não se preocupe com os 20% restantes e permaneça sempre positivo, entusiasmado e generoso ao fazer o seu trabalho. Isso influenciará as pessoas a falarem com você com sinceridade. Somente aqueles que não gostariam que você fosse valorizado, apenas esses ficarão insatisfeitos, ignore pessoas assim. Não se concentre em satisfazer alguém como: seu supervisor, seu gerente, seu chefe ou outros membros da equipa, em vez disso, apenas trabalhe para melhorar seu desempenho individual e ajude os membros de sua equipa a atingir as suas metas também. Os seus esforços serão notados pela gerência e assim ficaremos um passo mais perto de sua promoção e caminharemos para tal.

Atitude é tudo
Se você deseja liderar a si mesmo e alcançar o sucesso, uma atitude positiva é o que funciona melhor. Você pode alcançar os seus objetivos e sucesso se tiver uma atitude positiva em relação ao seu trabalho. A satisfação do empregador depende do seu envolvimento e compromissos. A psicóloga **Carol Dweck** passou toda a sua carreira profissional estudando atitude e desempenho, e o seu último

estudo mostra que "**sua atitude é um indicador melhor do seu sucesso do que seu QI**". Dweck descobriu que as atitudes centrais das pessoas se enquadram em uma de duas categorias: (i) MENTALIDADE FIXA ou (ii) MENTALIDADE DE CRESCIMENTO. Você deve tentar crescer e desenvolver a sua mentalidade, o que o ajudará a melhorar seu nível de desempenho e boa vontade no trabalho.

Não deixe espaço para "EGO"
Há uma linha muito tênue entre ego e respeito próprio, muitas vezes as pessoas não conseguem diferenciá-los. Pai da nação, **Mahatma Gandhi** afirmou: "**Quando o ego morre, a alma desperta.**" Significa que se você quer expressar o seu verdadeiro eu, então você tem que esmagar o seu ego, e se se

trata do conhecimento e da personalidade, você deve seguir o grande cientista Sir Albert Einstein, que declarou "Mais o conhecimento, menos o ego. Quanto menos o conhecimento, mais o ego". O ego faz você pensar em pontos desnecessários que não são benéficos para você e sua carreira.

Diga um grande NÃO ao "EXCESSO DE CONFIANÇA"

Há um velho ditado que diz que **"é bom ter confiança, mas o excesso de confiança é perigoso"**. Isso significa que o excesso de confiança pode prejudicá-lo. Como o primeiro homem foi à lua, Neil Armstrong declarou: **"Bem, acho que tentamos muito não ser muito confiantes, porque quando você fica muito confiante, é quando algo se agarra e o morde"**. O excesso de confiança geralmente leva as pessoas a cometer erros e perder as grandes batalhas.

Fique longe disso e mantenha a confiança de forma saudável, o que o levará a ser um dos melhores funcionários da sua equipa ou organização.

NUNCA se compare com os outros.
Se você perder o seu tempo comparando-se aos outros, não terá tempo para se focar no seu trabalho. Às vezes gostamos de nos comparar e pensar em ser mais altos, mais inteligentes ou justos e essas são coisas que não podemos mudar ou desenvolver. Então, pense sempre que é incrível do jeito que você é.

Frequentemente, vemos alguém fazendo algo incrível e gostaríamos de o poder fazer também, mas não é o uso correto do nosso tempo. Você deve se concentrar no seu trabalho e autodesenvolvimento que será frutífero no futuro.

Tome uma atitude

Sim, levará algum tempo para se transformar numa personalidade improvisada, digamos, sua versão 2.0, mas você pode começar implementando pequenas mudanças ao longo do caminho e gradualmente você terá realizado curtos objetivos e criado sua nova personalidade como um mais profissional mais aprimorado. Pequenas mudanças o ajudarão a atingir os objetivos mais curtos e você desenvolverá uma mentalidade positiva ao atingir com sucesso seus objetivos mais curtos. Melhore as suas habilidades de desenvolvimento pessoal para o seu crescimento pessoal, o que o levará a agir que leva ao sucesso.

Dê o exemplo para os outros

Mostre as suas habilidades e orientação sem medo de criar competição; em vez disso, você as estará dominando ao educar a sua equipa. Mostre seus truques e dê dicas para realizar a mesma tarefa com mais eficiência. Influencie positivamente a sua equipa. Assuma o controlo para compartilhar seu conhecimento e experiência com novos integrantes e membros da equipa da incubadora.

Treine seu aprendiz

Peça à gerência para permitir que você treine seus aprendizes na sua equipa, o que acabará aprimorando seus conhecimentos e habilidades também. Esclarecer as suas dúvidas e educá-los sobre os produtos e processos lhes dará confiança em seu trabalho e também poderá trazer à tona pensamentos e ideias criativas. Comece a ser mentor dos seus aprendizes; ajude-os a completar cada um a sua tarefa.

Melhore e crie novos hábitos (Aplicar regra dos 21 dias)

21 dias é o tempo necessário para desenvolver um novo hábito e então ele se tornará uma prática diária. Se a sua visão é ter sucesso, substitua seus maus hábitos por alguns bons e, como resultado, a sua vida mudará permanentemente.

Comece lendo artigos de seu interesse.

Ler é um hobby essencial. A leitura regular torna-o mais inteligente e aumenta sua capacidade cerebral. Comece a ler jornais e escolha alguns dos seus livros favoritos. Os melhores bilionários do mundo como - **Warren Buffett e Bill Gates lêem 5 horas por dia, eles lêem 5 jornais e documentos corporativos todos os dias**. Isso faz sentido, o que os mantém calmos e atentos é ler e crescer.

Observe: (Aprenda com os outros)
Observação é uma habilidade que você aprende tendo paciência e zelo para aprender algo novo com os outros. Existem muitos exemplos de onde você pode observar e aprender coisas novas. Você pode ler jornais - observe o que há de novo e o que é importante para você neles, pode se dirigir para os seus altos

executivos e gerentes da empresa - observe como eles ouvem a todos e como respondem a cada desafio. Você pode observar sua abordagem positiva em relação à vida empresarial, profissional e pessoal. Como administram seu trabalho com calma e também motivam as suas equipas. Aprenda com os idosos, eles não lhe ensinam apenas a vida profissional, mas têm uma longa experiência de vida pessoal. Vá além de seus pensamentos; observe cada pessoa ou coisa para obter informações. Isto também aumenta a sua capacidade de interagir com outras pessoas e responder de maneira adequada. Ao aprender coisas novas e manter uma observação atenta, terá um caminho claro para o seu sucesso.

Dê a si mesmo um compromisso

Seja honesto consigo mesmo, o melhor compromisso que você pode fazer é se comprometer com o desenvolvimento. Deixe os seus desejos crescer e comprometa-se a torná-los realidade. Isso o forçará a fazer e alcançar tudo o que se comprometeu consigo mesmo e o fará ter sucesso de qualquer maneira. Pode haver muitas distrações, mas se estiver empenhado em concluir a sua tarefa dentro de um determinado prazo, você a completará primeiro. Isso aumentará sua autoconfiança e o incentivará a realizar mais.

Termine o que começou.

Existe um livro famoso "Conclua o que você começa: a arte de seguir em frente, agir, executar e autodisciplina", de Peter Hollins, que merece a sua atenção. Ele elaborou muito bem como terminar seu trabalho ou estudo pendente que possa ter sido iniciado antes. Lembre-se de que você começou com uma visão e não deixe que essa sua visão desapareça deixando essa tarefa incompleta. Sempre que sentir que está desconectado, pare por um tempo, pergunte à sua consciência e recorde a sua visão inicial que o trouxe ao seu estado atual. Agora você está a apenas alguns passos de transformar sua visão em realidade. **Não desista!**

Não se preocupe se estiver cometendo erros, pelo menos está tentando. Lembre-se, os erros podem ser corrigidos, mas se você não tentar, ninguém o pode ajudar. Você pode fazer qualquer coisa, mas não pode fazer tudo. Portanto, se começou algo novo como estudos, leitura de um livro, plano de investimento, etc., deve fazê-lo e concluí-lo. Se você tem alguns objetivos pessoais e profissionais, vá buscá-los.

Uma vez que o fundador do Facebook Mark Zuckerberg disse: **"Não tenha medo de cometer erros, mas tenha medo de não cometer erros."**

Não pense que a sua tarefa é complicada ou difícil de ser realizada, não presuma que você não a consegue fazer. A melhor maneira é dividi-la em pequenos passos e tentar completar cada passo um após outro e no final toda a sua tarefa é concluída. Não há nada impossível que você não possa fazer. Ou você tem todas as habilidades necessárias ou não, e se não tiver, nesse caso as habilidades podem ser aprendidas, mas se duvidar de si mesmo, é impossível concluir até mesmo uma tarefa básica. O melhor caminho é acreditar em si mesmo em qualquer situação. Assim que começar a terminar o seu trabalho, estudo e desafios pendentes, você começará a conduzir em direção ao seu caminho de vida de sucesso.

Vantagens de assumir novas tarefas / desafios:
No momento em que assumir uma nova tarefa como um desafio, será mais

interessante concluí-lo o mais rápido possível. Você está tentando uma nova tarefa (se o desafio for aceite) sob o mesmo empregador, portanto não há risco de perder o seu emprego atual. Portanto, em vez de aceitar uma nova tarefa (desafio) sob o novo empregador e tentar cumprir esses compromissos ao mesmo tempo, você tem que construir seu relacionamento e mostrar sua eficiência e criar uma marca para si mesmo. Será desafiador e demorado, em que, se aceitar realizar esta nova tarefa sob o mesmo empregador, então você não precisa se preocupar com as preocupações acima mencionadas.

1) Você é um funcionário existente e retratou a sua imagem perante o seu empregador, com base em seu trabalho anterior e sua aceitação de uma nova tarefa.

2) Se você tiver sucesso, será reconhecido.

3) Mesmo se você falhar, sua imagem existente não danificará.

No geral, você acabará ganhando mais respeito por ter aceitado novos desafios e tarefas. As empresas incentivam a sua equipa a se abrir diante delas caso desejem empreender alguma nova tarefa sem se preocupar com o resultado, desde que as intenções sejam positivas e favoráveis à gestão e a toda a empresa.

Cenário atual

Algumas pessoas estão felizes onde estão em sua situação atual. Chamamos isso de "Zona de Conforto". Embora, esta zona de conforto seja boa para almas satisfeitas que não desejam caminhar aquele quilómetro extra para alcançar algo gratificante. Sua mentalidade também é restrita e gira em torno dos limites de sua zona de conforto. Então e você? Você está feliz com o cenário atual e com o seu salário baixo? Você está feliz com a sua posição atual? Há quanto tempo você não é promovido? Quando foi a última vez que você recebeu um aumento de salário decente? Sua mente só ficará feliz quando você estiver satisfeito e tiver uma sensação de realização para com o seu trabalho. Se você estiver feliz, só poderá trabalhar com total concentração e obter melhores resultados. Você está esperando mais de si mesmo ou de sua organização? Fale e tente encontrar a maneira que pode fazer isso acontecer. Se já pensou isso, o que você gosta e como gostaria de fazer? Você já imaginou se tornar o melhor trabalhador? Não soa bem? Já pensou, tudo o que você precisa fazer para se tornar uma estrela na sua equipa?

Você está sendo pago por
Você acha que ainda não está sendo pago pelo que vale? Se você vir vagas para um cargo semelhante ao seu com um salário mais alto, isso significa que não está sendo pago de forma justa. Você está sendo pago pelo seu trabalho, pelo que você faz, pelos esforços que

você faz, pelos resultados que você entrega e o mais importante é que você está dando seu tempo ao seu empregador. Torne-se frutífero para a sua empresa, para o seu empregador e para você próprio também. É importante justificar o seu trabalho pelo que você está sendo pago. Se você continuar tendo um melhor desempenho, pode pedir um aumento.

Todo aquele trabalho que você fez até agora

Se você já tentou de tudo e nada está dando certo, você deve pensar sobre isso e anotar. Pense nas tarefas que você fez até agora. Anote suas tarefas, começando da tarefa mais fácil à que é mais trabalhosa. Dê um favor a qualquer colega a algumas ordens indesejadas de seu chefe. Tudo o que você fez, voltará para você de uma forma incrível. Certifique-se de que há muitos pontos de orientação positivos e de resultados, e só então você será considerado por sua administração por lhe dar algumas responsabilidades adicionais e, eventualmente, crescimento e aumento em seu salário.

Todas as suas conquistas existentes no trabalho

Você atingiu todas as suas metas dentro dos prazos determinados? Você aprendeu algo novo para concluir suas tarefas com inteligência? Você fez algo classificado como 'fora da caixa'? No entanto, você teve um desempenho no ano anterior, então está sendo pago em conformidade. Você pode analisar os seus esforços recentes e fazer melhor do que isso. Está tudo dentro de si. Se você acreditar, então você pode fazer o seu melhor.

Anote todas as suas conquistas no seu local de trabalho até agora. Comece com pequenos pontos, como apreciação de seu gerente ou chefes; seja no seu desempenho ou na entrega de um serviço de excelência ou no recebimento da apreciação do cliente. Trabalhando nos finais de semana e feriados. Tarefas lucrativas que você fez para a sua equipa. Anote também toda a ajuda e favor que você fez para outro membro da equipa, para fazê-los atingir o seu objetivo ou qualquer tarefa. Anote todos os tipos de conquistas pessoais que você alcançou enquanto trabalhava na sua empresa.

Zero para herói

"Transforme sua personalidade isolada em um recurso confiável na sua empresa."

"A inatividade gera dúvida e medo. Ação gera confiança e coragem. Se você quer vencer o medo, não fique em casa pensando nisso. Saia e ocupe-se"

- Dale Carnegie

Seria completamente injusto considerar alguém como 'Zero'. Em vez disso, eu diria: **"Transforme a sua personalidade isolada de recurso silencioso em um recurso confiável na sua empresa."**

Foi observado frequentemente em muitas organizações que nelas existem grandes executores na equipa, mas eles não são vistos sobre holofotes. Já se perguntou porquê? Eles estão carentes de coragem? Esses funcionários silenciosos estão gerando uma boa receita para a organização e na maioria das vezes eles atingem as metas esperadas, mas não desejam se apresentar e viver no centro da atenção. A única razão que eu poderia pensar é o medo de aceitar novos desafios. Eles são incapazes de visualizar seu potencial de liderar uma equipa ou assumir novas responsabilidades no seu prato e ser responsáveis por isso.

Se você está pensando: "Não consigo" ou "Não consigo ter sucesso" ou "Não sou um jogador de equipa", então não se decepcione pensando "Serei capaz de fazer isso?" ou "Por que eu?" em vez disso, concentre-se em "como posso fazer isso?" A primeira coisa que precisa fazer é "**confiar em si mesmo**" e fazer com que todos acreditem em você até que você tenha sucesso.

Crie sua boa vontade

Você é o único responsável por criar uma boa vontade no trabalho. Ela é criada pelos esforços de alguém, abordagem para com outros membros da equipa e quão confiável você é no tempo real. Melhore-se a si mesmo, o seu gesto e a sua atitude perante o trabalho e também aos membros da sua equipa, gestores e demais colaboradores. Entre em contacto com todos. Aprecie os esforços de cada pessoa. Comece a oferecer ajuda quando necessário e sinta-se à vontade para ajudar quem precisar. Comece a ajudar os outros para que eles o queiram ajudar a si a qualquer hora. Estas poucas etapas o ajudarão a ganhar a confiança dos outros e eles o respeitarão. É assim que você pode criar sua própria boa vontade.

Persistência

Fique ligado e tenha paciência pois será recompensado. Como disse o ex-presidente dos Estados Unidos Calvin Coolidge: "**Nada no mundo pode substituir a persistência. O talento não; nada é mais comum do que pessoas malsucedidas com talento. O gênio não; o gênio não recompensado é quase um provérbio. A educação não; o mundo está cheio de abandonados educados. Persistência e determinação sozinhas são onipotentes.** "

3ª lei do movimento de Newton: (Ação e reação são iguais e opostas.)

Lembre-se, a Terceira Lei do Movimento de Newton afirma "Para cada ação há uma reação igual e oposta." Na física, isso sempre é verdade. É por isso que é chamada de "lei" na física. Como se você atirasse uma bola para o céu, ela voltaria para baixo com a mesma força.

Se você aplicar esta lei ao seu local de trabalho, ela permitirá que você acredite que tudo o que você fizer, der ou até comportamentos - você receberá de volta o mesmo. Se você for generoso e gentil com os outros, eles também o tratarão da mesma maneira. Se você ajudar outros, eles o ajudarão de volta. Se você aumentar a taxa de desempenho, terá benefícios pessoais e promoção no horizonte.

Construir relacionamento com outros membros da equipa

O CEO da Pepsi Indra Nooyi disse: "**O que quer que alguém diga ou faça, assuma uma intenção positiva. Você ficará surpreso ao ver como toda a sua abordagem para uma pessoa ou problema se torna muito diferente. Quando você assume uma intenção negativa, você fica com raiva. você tirar essa raiva e assumir uma intenção positiva, você ficará surpreso.** " Ouça todos e leve isso de forma positiva, nunca confunda ninguém com o seu ego.

É difícil entender os humanos e a única maneira de influenciar as pessoas é conhecendo-as. Seja alguém que as compreende e os seus problemas. Às vezes, alguns colegas ou membros da equipa não conseguem ter um bom desempenho apenas por causa de alguns problemas pessoais ou rancores, que eles não poderiam compartilhar com você por poderem pensar que não os vai conseguir entender. Tente se conectar com eles não por seus cumprimentos curtos "ei" ou "bom dia", seja gentil e amigável às vezes perguntando "como estás?" Ofereça assistência e ajuda quando necessário. Pergunte aos membros da sua equipa e colegas se eles precisam de algum favor ou ajuda. Essas etapas irão impulsionar o seu relacionamento na sua empresa. Você será conhecido pela sua gentileza e seu desempenho também. Até a sua gerência estará pronta para ouvi-lo sempre.

Traga referências em sua empresa:

Compartilhe suas experiências com a sua família, amigos e parentes. Ofereça-os para se juntarem à sua empresa. Você será notado pela alta administração. Você está espalhando uma mensagem para seus amigos de que está feliz com sua empresa. Você gosta da sua equipa, do ambiente de trabalho, do processo e gestão. Sinta-se à vontade para enviar seu feedback ou preencher pesquisas internas, pois uma empresa sempre estimula seus funcionários a se abrirem e compartilharem suas ideias, o que ajudará na melhoria e crescimento.

Você pode dar feedback sobre os seguintes pontos:

i) **Melhoria de processo**

Se acha que alguma mudança é necessária no seu processo, você deve compartilhá-la com a gerência, eles cuidarão e farão com que seja conveniente para você e para todos os outros também.

---

ii) Retenção de funcionários

Peça à sua gerência para fazer pesquisas regulares com os funcionários. Peça-lhes que façam acompanhamentos, se encontrem e conversem com os seus funcionários.

iii) Remoção de gargalos do processo

É o problema mais comum das empresas hoje em dia. Você pode dar feedback sobre isso.

----

iv) **Simplifique algumas das difíceis tarefas**

Se houver alguma possibilidade de simplificar tarefas difíceis, você deve solicitá-la o mais rápido possível.

v) **Qualquer outro assunto relacionado à localização, instalações, ética de trabalho e atitude da equipa, etc.**

NÃO HÁ DIFICULDADE em dar feedback, independentemente de ser positivo ou negativo, porque com isso, você será notado por trazê-lo à frente da administração.

Seja positivo. Os feedbacks não têm como objetivo queimar pontes entre empregador e funcionário; o seu objetivo é mostrar os desafios enfrentados por toda a equipa ou por um membro individual da equipa, juntamente com as soluções preferidas para superar esses desafios.

Mostre disposição para dar mais à empresa.

"Eu realmente me sinto subutilizado nesta organização. Tenho energia e motivação para realizar muito mais do que estou fazendo agora. Para falar francamente, estou à procura de um salário mais alto do que o que estou recebendo agora. Não tenho vergonha de dizer isso como todos desejamos. Sou ambicioso(a) e para mim o céu é o limite. Não gosto de me comparar com os meus colegas, pois cada pessoa tem seus próprios pontos fortes, pontos fracos e contribuição geral. "Faça o seu nível de desempenho tão alto quanto você puder dizer isso para a gestão da sua empresa.

****

"Se você sempre faz o que sempre fez,
sempre obterá o que sempre tem"
- Henry Ford

****

Peça um aumento

Se você se sentir desvalorizado ou insatisfeito com o aumento de salário, deve se defender e discutir todas as suas realizações com seu empregador (gerente ou supervisor mais próximo) e colocar suas expectativas perante ele. Prepare um relatório detalhado das expectativas que a administração tem de você, juntamente com suas realizações durante esse período. Se você alcançou ou se destacou no seu desempenho, pode discutir com segurança sobre o aumento de salário com o seu empregador. Você pode discutir da seguinte maneira:

"Eu realmente aprecio as oportunidades que me foram dadas para responsabilidades maiores, tal como outros funcionários. Tenho obtido ótimos resultados nessas áreas no último ano e superei as metas que criamos. Podemos conversar sobre como ajustar meu salário para refletir esse nível mais alto de contribuição?"

"Espero que possamos conversar sobre o meu salário. Já se passou um ano desde o meu último aumento e assumi uma série de novas responsabilidades desde então. Estou gerindo todas as nossas tarefas e até consegui resolver aquele problema de longa data com a equipa (mencione esse problema / preocupação), o que acabou nos poupando muito tempo nos últimos meses. Tornei-me um membro integrante da equipa e desenvolvi formas inovadoras de contribuir com a organização. Acho que as coisas estão correndo bastante bem e gostaria de falar sobre como aumentar meu salário para refletir este novo trabalho."

"Visto que a organização está mais interessada em "produtividade-resultado" e resultado é o que estou proporcionando, mas é importante que meus esforços sejam reconhecidos para que eu possa dar resultados mais produtivos. Acredito ter ido além dos benchmarks que estabeleceram para a minha posição quando cheguei à organização."

"Tenho certeza de que concorda comigo sobre os benefícios dessa conquista e sua contribuição para os resultados gerais. Dito isso, acho difícil esconder minha decepção com o facto de que essa conquista não foi acompanhada de um ajuste no meu salário. Sempre dei o meu melhor e estou sempre disposto a ficar em dia com minhas funções e tarefas."

Fale sobre seus pontos fortes pessoais

Elimine as suas fraquezas e reserve um tempo para pensar sobre seus pontos fortes. Leia seus modelos de comportamento e siga-os. Seja disciplinado e mantenha a paciência. Aumente o seu entusiasmo e criatividade. Ganhe confiabilidade e respeito. Estas etapas enfatizarão a sua dedicação ao trabalho.

Prepare uma lista de todas as suas realizações

Escreva suas realizações; mantenha um diário para registar suas realizações. Use verbos de ação e pense sobre quaisquer comentários positivos que você recebeu de seus chefes e colegas, problemas com os quais você lidou, quaisquer homenagens ou prêmios que recebeu e se você alcançou ou superou quaisquer metas. Se você trabalhou em equipa, o que ela conseguiu alcançar? Você era parte integrante da equipa, portanto, qualquer realização da mesma conta como sua. Ao escrever as suas realizações, isso irá motivá-lo.

Verifique a política de revisão salarial da sua empresa antes de solicitá-la

Leia sua carta de nomeação e encontre a política de revisão salarial de sua empresa nela. Percorra-o e leia todas as cláusulas mencionadas ali. Consulte seus trabalhadores mais velhos ou até pessoas mais idosas sobre esse mesmo assunto; eles irão guiá-lo melhor pela sua experiência.

Fale profissionalmente

Se você está pedindo um aumento salarial para a sua gerência, precisa parecer profissional. Peça um aumento de salário em nome do seu desempenho, habilidades e experiência profissional. Nunca envolva questões e razões pessoais para aumento de salário, pois isso pode arruinar o seu plano de aumento ou promoção.

Mantenha um estado de espírito calmo

Buda disse: "Se você passar algum tempo todos os dias em meditação silenciosa - simplesmente acalme sua mente concentrando-se na respiração ou em um simples mantra - você pode, com o tempo, domar os macacos." (Aqui o macaco é indicado para sua mente) Eles ficarão mais pacíficos se você amorosamente os levar à submissão com uma prática consistente de meditação. Existem algumas maneiras de impulsionar a sua declaração mental, meditação "Mindfulness Goes Beyond" (Atenção plena Vai Além). Esta pode ajudá-lo a superar o stress, bem como a ficar mais relaxado e tranquilo. Depois de começar a meditar todos os dias, você obterá os benefícios de uma mente tranquila e calma. Você pode trabalhar em direção a uma maior felicidade e realização na sua vida, simplesmente sintonizando-se com as pequenas coisas da vida. Aqui estão nove maneiras de aumentar a qualidade de sua mente e alcançar o sucesso na sua vida.

Respirar.
Respire fundo, sempre que se sentir pesado. Isso pode ajudar a se acalmar. Isso vai eliminar o stress e permitir que se concentre no trabalho de forma instantânea.

Gratidão
A gratidão é o ponto mais importante para o seu desenvolvimento pessoal. Ela o conectará com a sua equipa e colegas

de trabalho. Quem o ajudará a completar sua difícil tarefa enquanto aproveita a vida? Manter um diário de gratidão o ajudará a se livrar do stress do dia-a-dia. Também manterá a paz na sua mente para aceitar, apreciar e ficar calmo. A gratidão pode levá-lo a conquistar corações, o que é bom para a sua boa vontade e atrairá também a sua gestão.

Diga não ao desperdício de tempo de aplicativos sociais.

Você deve manter seu telemóvel de parte enquanto trabalha porque o smartphone e as aplicações que desperdiçam tempo podem desviá-lo dos seus objetivos. Você também pode desligar as notificações do seu telemóvel, pois elas podem distraí-lo e afastá-lo do momento presente. Suas mensagens ainda estarão esperando por você mais tarde, quando você estiver pronto para lê-las.

Ponha o smartphone em modo silencioso. Ele pode impedir que qualquer distração entre na sua mente enquanto trabalha ou pensa em qualquer solução. Se você tiver algum tempo extra, use-oadquirindo novas ideias para um melhor desempenho, em vez de não perder seu tempo usando redes sociais.

Tomar um café ou chá.
Uma chávena de café ou chá pode ajudá-lo a acalmar sua mente. Irá recarregá-lo para a tarefa atual ou para a próxima.

Ouça música instrumental.

A maior parte do psicólogo diz que a música dá paz, o que pode elevar a qualidade da sua mente e ajudá-lo a relaxar. A música pode curar o seu stress e o deixará calmo para lidar com a pressão. Se a sua mente estiver num estado de paz, então poderá ter um bom desempenho. Isso o levará a obter sucesso muito em breve.

Escolha tarefas difíceis para concluir primeiro

Uma tarefa difícil exige mais força e energia para ser executada, mas torna-se mais fácil concluir outras tarefas. Se você escolher a tarefa mais difícil primeiro, a próxima tarefa será mais fácil. Este método manterá um interesse elevado em relação ao seu trabalho e você terá sucesso no mesmo.

Compartilhe seus sentimentos com seus colegas.

Primeiro ouça o que eles têm a dizer, depois expresse seus sentimentos e pensamentos. Isso pode ajudá-lo a se conectar mais profundamente com o momento, mostrando apreço às pessoas com quem você conversa. Em troca, eles apreciarão seus esforços e sugerirão o melhor para ambas as partes.

Assista a vídeos motivacionais.

Se você se sente desmotivado e não quer se decepcionar, os vídeos motivacionais podem ser uma das melhores maneiras de aumentar sua energia. Isso o inspirará a despertar o seu eu interior e a atingir seus objetivos rapidamente.

Comece a escrever um diário.

Não será difícil manter um diário. Escrever um diário faz sentido porque você pode encontrar seus erros e decisões erradas instantaneamente, sem a ajuda de outra pessoa. Às vezes, você obterá respostas de perguntas não respondidas e soluções de problemas não resolvidos. Isso fará com que você gerencie seu trabalho sem problemas.

As pessoas estão tão ocupadas e concentradas nos seus problemas que se esquecem de pensar em encontrar outras maneiras de resolvê-los. Eles ficam presos na competição e se esquecem de aproveitar as pequenas coisas que podem funcionar ainda melhor.

Há um provérbio alemão "**Alles zu seiner zeit**" que significa "**tudo a seu tempo**". A plena atenção continuará a lembrá-lo de que todas as coisas boas vêm com o tempo. Isso o ajudará a escapar das pressões de sua vida, e fará com que você aproveite, e quando você for feliz por dentro, poderá trabalhar no duro e dar o seu melhor para alcançar todo o sucesso que deseja.

Teoria dos 1000 dias

Hoje em dia é tão fácil mudar e encontrar um emprego melhor em outras empresas, mas como profissional você pode ficar muito tempo na mesma empresa e continuar aprendendo, isso fará com que o ambiente que o rodeia esteja a seu favor. Há um princípio do setor corporativo que se você ficar 1000 dias com o mesmo empregador, aumentará seu conhecimento, experiência e boa vontade em seu local de trabalho, e quando você for para uma mudança, mesmo seu empregador atual tentará retreinar você de todas as maneiras possíveis e viáveis.

Digamos que você esteja trabalhando para um empregador chamado "ABC corporation" e tenha completado três anos. Seu aumento salarial anual esperado variará entre 5% a 10% com base no desempenho do ano anterior (e 15% em algumas empresas) * então seu salário aumentará em 10%, ou seja, Salário Atual + 10% (considerando o aumento máximo) e vamos repetir este cálculo para o próximo ano, supondo que você tenha um bom desempenho e seu salário tenha aumentado em 10% adicionais para a avaliação do 4º ano, ou seja, Salário Atual + 10% (aumento do 1º ano) + 10% (aumento do 4º ano "se você trabalhou bem nesse ano também ") e repetindo o mesmo cálculo. (condição: você trabalhou bem consecutivamente pelo 5º ano) por 3 anos, seu salário será: Salário inicial + 30% (10 * 3 considerando 10% como avaliação de cada ano "novamente considerando que você foi consecutivamente um bom funcionário e demonstrou bom desempenho na sua equipa e que trabalhou bem todos esses 3 anos anteriores para considerar 10% de acrescento) e assim por diante durante o 7º, 8º e 9º ano (até ver um aumento razoavelmente decente no seu salário ou até ser promovido).

Portanto, neste exemplo, conseguiu um aumento de salário de 30% após completar 3 anos com o mesmo empregador, atingindo as suas metas anuais e tendo um bom desempenho por 3 anos consecutivos. Se você não conseguir cumprir as suas metas anuais ou se seu desempenho não estiver à altura, você não pode esperar esse aumento de 10% no salário. Considerando que, se você mudar de empregador após 3 anos (1000 dias), você pode pedir um aumento mínimo de 20% -25% em relação ao seu salário existente, e alguns empregadores oferecem até 30% de crescimento salarial, variando de setor para setor.

Assuma uma nova responsabilidade e uma nova tarefa a cada 1000 dias. Isso lhe dará mais exposição a diferentes funcionalidades e operações e, por sua vez, aprenderá uma nova tarefa completa a cada 1000 dias e aprenderá a dominá-la por mais 1000 dias e então aí poderá assumir outra tarefa. Se você acha que ainda não chegou ao ponto desejado, pode elevar seu nível de desempenho imediatamente, trazendo pequenas mudanças no seu desempenho diário e, antes que perceba, vai estar se elevando bastante alto! Lenta e gradualmente você assumirá uma nova tarefa e aprenderá a dominá-la, bem como a ensinar os outros, e então novamente você assumirá uma nova tarefa e continuará o mesmo processo.

Concentre-se e desenvolva seus pontos fortes para trazer o melhor no seu trabalho. Conhecer os pontos fortes dos seus colegas de trabalho também o irá ajudar a atualizar a qualidade dos produtos e serviços da sua empresa. Suas habilidades únicas não apenas o diferenciarão de seus colegas, mas também o tornarão uma parte indispensável da equipa e da própria empresa. Certifique-se de estar bem familiarizado com os detalhes essenciais do seu trabalho e com o perfil da empresaonde trabalha. Manter-se atualizado com a organização da mesma e continuar acrescentando tarefas será um ótimo complemento. Então, ninguém poderá se comparar consigo.

Se você não obtiver uma nova tarefa pelos seus empregadores existentes, acabará fazendo a mesma tarefa monótona a cada ano repetidamente. Então é hora de mudar o ambiente ou mudar o empregador, caso contrário você estará reduzindo o ritmo de seu crescimento profissional naquela organização.

Portanto, mudar de empregador não só o beneficia ao aumentar seu salário, mas também lhe dá exposição a diferentes ambientes de trabalho. Infelizmente, cada setor tem uma referência predefinida para o salário a ser oferecido, independentemente das suas habilidades e experiência, embora haja exceções se você for um profissional habilidoso, talentoso e extraordinário e se for capaz de justificar seus resultados ao seu empregador, o que não é o caso da maioria dos profissionais. Consequentemente, a maioria do profissional infelizmente, cai na armadilha da estrutura salarial predefinida e enfrenta muitos desafios para nivelar seu salário de acordo com suas próprias expectativas e capacidades.

Agora, se você trabalha para qualquer empregador por 3 anos consecutivos (365 * 3 = 1095 dias), você cruzou a barreira dos 1000 dias com o seu empregador existente, provou que é capaz de desempenhar as suas funções e responsabilidades existentes enquanto trabalha para outro empregador também em todo o mundo, mas precisa estar um pouco mais confiante.

Referindo o exemplo acima mencionado, ao trabalhar sob um empregador por 1000 dias, você dominou as habilidades necessárias para realizar este trabalho e, usando seu conhecimento, habilidades e julgamento existentes, você pode negociar sua barra salarial existente e solicitar um aumento decente, e, se isso não funcionar, você está confiante o suficiente para procurar outro emprego com funções semelhantes, com aumento de 20-25-30% em seu salário atual sob o empregador atual. Portanto, nesse período de 3 anos (1000 dias), você passou por todos os tipos de desafios e aprendeu diferentes maneiras de superar todos os obstáculos que atuam como um gargalo no seu desempenho. Portanto, se não receber um aumento salarial decente devido à prática padrão da indústria e às políticas internas predefinidas de qualquer empresa, então nesse caso deverá pensar num plano de ação para aumentar seu salário, que pode incluir trabalhar para outro empregador. Se você acha que executou todas as tarefas possíveis ou empreendeu todas as oportunidades possíveis de crescimento que poderiam ser realizadas no seu perfil de trabalho existente sem afetar as suas funções e responsabilidades principais e ainda não está satisfeito com sua avaliação salarial anual, então é hora de mudar de emprego.

Vejamos alguns prós e contras de mudar seu empregador atual:

Prós:

1) Você está saindo da sua zona de conforto.

2) Você está aceitando um novo desafio com um novo empregador.

3) Você demonstrou confiança para aceitar uma nova tarefa.

4) Você tem a oportunidade de trabalhar num novo ambiente.

5) Você aprenderá novas formas de realizar algumas das mesmas tarefas que havia feito outrora.

6) Você pode usar os seus conhecimentos e habilidades existentes para provar seu nível.

7) Você será promovido.

8) Você consegue uma caminhada decente.

9) Você trabalhará com novos gerentes, chefes e colegas.

Contras:

1) Você tem que trabalhar duro para atender às expectativas dos seus novos empregadores.

2) Você precisa conquistar a confiança do seu novo empregador.

3) Você abriu mão da sua zona de conforto e entrou num novo ambiente de trabalho.

4) Compreender a cultura de trabalho pode ser demorado.

5) Você pode falhar em entregar os resultados esperados no prazo.

6) Você pode deixar de provar seu valor ao seu novo empregador.

Faça esta pergunta a si mesmo: Estou mentalmente preparado para tudo isso? Estou pronto para aceitar um novo desafio e sair da minha zona de conforto para o meu desenvolvimento profissional? Se a sua resposta for absolutamente **'SIM'**, então posso dizer com segurança que ninguém pode impedi-lo de se tornar um profissional de excelência e, ao mesmo tempo, aumentar seu salário.

****

"Desfrute também da sua vida profissional, mantenha-se positivo e continue a crescer."

****

Metas profesionales

Não espere pelo momento certo, em vez disso, comece hoje por escrever primeiro os seus objectivos de carreira (tanto a curto como a longo prazo) e depois siga estas estratégias para avançar na sua carreira e alcançar os seus objectivos num futuro próximo.

Conclusão

Qual é o sentimento mais incrível para si? Quer continuar como é ou crescer continuamente? As suas baixas expectativas nunca permitirão que você alcance o sucesso. Fundador da The Walt Disney Company, "**Walt Disney**" declarou: **"Todas as adversidades que tive na minha vida, todos os meus problemas e obstáculos, me fortaleceram ... Você pode não perceber quando isso acontece, mas é um chuto nos dentes pode ser a melhor coisa do mundo para você."** Ele lutou muito pelo seu sucesso, ele falhou várias vezes, mas sempre aprendeu algo novo. Suas falhas o tornaram sábio e experiente. Ninguém nasce bem-sucedido, todo mundo tem que trabalhar muito para ter sucesso, você pode ter sucesso no seu trabalho e na sua vida, apenas **dando o seu melhor e continuar tentando.**

As coisas vão mudar.
Às vezes, você precisa de paciência para lidar com as suas dificuldades. Há um provérbio francês registado em inglês em 1545 que diz "**ROMA não foi construída em um dia.**" Isso significa que nada de bom vem sem muito trabalho e dedicação. Você precisa trabalhar muito para ter sucesso na sua vida. Tudo leva tempo, você deve almejar a determinação na vida, o sucesso seguiria seu caminho. Continue trabalhando duro e invista seus esforços hoje, você certamente terá retornos lucrativos amanhã.

Suas ações vão te dar resultados, com certeza.

Como mencionei no tópico da lei de Newton, faça o que fizer, você receberá de volta o mesmo. Ao mostrar sua disposição para ajudar os outros e mostrar sua abordagem positiva, você será notado pela gerência. Você deve discutir sobre o seu desempenho ao longo do ano. Quando você certifica as expectativas do seu empregador e fornece os melhores resultados que podem ser alcançados. Isso abrirá o seu caminho para seus objetivos e alcançará o sucesso.

Fique feliz, continue abençoado e mantenha o foco.

Você pode não ser perfeito, mas pode ser excelente, e essa excelência fará com que seja recompensado. Planeie o seu dia uma noite antes e dê prioridade a tarefas mais difíceis para concluir primeiro. Evite todo o tipo de distração e mantenha-se enérgico, lembrando-se das suas metas e objetivos. Essas etapas o manterão feliz e satisfeito com seu trabalho.

Nunca é tarde demais para começar algo novo se você estiver disposto a crescer em sua carreira e, eventualmente, aumentar o seu salário e o seu valor, então poderá de certeza alcançar a posição desejada na sua empresa. Existem muitas maneiras de acalmar sua mente e aumentar seu entusiasmo.

Nunca se decepcione e nunca se apegue à negatividade.

A própria vida é um feixe de desafios, à medida que crescemos, novos desafios surgem. Temos que enfrentar as dificuldades, defender-nos das ameaças, superar e completar esses desafios. Essa é a vida. Se consegue vencer todos os desafios da vida pessoal, então você pode fazer o mesmo na vida profissional também, o que lhe dará forças para enfrentar novos desafios. Quando você atinge o sucesso nesses novos desafios, o seu sucesso o motiva a conseguir um aumento e ser promovido.

"Desfrute da sua vida profissional, permanecer positivo e continuar a crescer".

****

"Aproveite sua vida profissional, mantenha-se positivo e continue crescendo."

****

Objetivos Profissionais

Não espere pelo momento certo. Em vez disso, vamos começar a partir de hoje, primeiro anotando seus objetivos profissionais (ambos: curto e longo prazo) e, em seguida, seguir essas estratégias para avançar na sua carreira profissional e atingir seus objetivos para um futuro próximo.

Aviso Legal

O conteúdo deste livro trata de várias etapas e princípios para alcançar uma designação desejável em qualquer empresa. Todas essas etapas são amplamente aceites e seguidas em todo o mundo por profissionais que trabalham em várias organizações. Sem intenção de endossar o aprendizado de outra pessoa como o próprio autor, porque o autor compartilhou a sua aprendizagem, verdades e crenças com base na sua experiência pessoal, trabalhando em um ambiente corporativo por mais de 15 anos. O autor declara que este livro é sua própria e autônoma obra. É declarado que o autor tenha feito todos os esforços para garantir que as informações e estratégias neste livro se tornem um guia benéfico para os seus leitores no desenvolvimento de suas carreiras. Contudo, o autor, por meio deste, se isenta de qualquer responsabilidade para com qualquer indivíduo ou entidade, por qualquer perda, dano ou interrupção causada por atos ou omissões dos leitores, sejam esses atos ou omissões resultantes da implementação de quaisquer estratégias explícitas ou implícitas, neste livro. Os leitores são fortemente aconselhados a não tomar qualquer ação adversa após a leitura deste livro, pois a única intenção do autor é ajudar seus leitores a crescer em sua profissão e nunca prejudicar a sua carreira de qualquer forma. Além disso, o autor deu créditos às partes apropriadas cujas citações e referências foram usadas ao escrever este livro e, se alguém foi esquecido, pode ser apenas um erro de boa-fé.

As competências que estou interessado em aprender primeiro e que irão acelerar a minha carreira são (em ordem):

1. _____
2. _____
3. _____
4. _____
5. _____
6. _____
7. _____
8. _____
9. _____
10. _____

Créditos

1. https://www.pinterest.com
2. https://www.keepinspiring.me/famous-quotes
3. https://www.brainyquote.com
4. https://pixabay.com/images/search/quotes
5. https://www.goodreads.com/quotes
6. https://unsplash.com/s/photos/quotes
7. Wikipedia, Google e outras páginas da web.

Sobre o autor

Sr. Swapnil P. Modi
M.B.A. (HR) e LL.B. (Medalhista de ouro)

Swapnil é um profissional dinâmico e orientado a detalhes com mais de 15 anos de ampla experiência corporativa. Ele foi classificado como **10X STAR PERFORMER** em sua carreira profissional na Etech, Inc.

Ele foi homenageado com a **MEDALHA DE OURO** de RANKING FIRST no Exame Final LL.B da Universidade de Gujarat e também foi homenageado com o

"**SHIELD & CERTIFICATE**" de RANKING FIRST na COMPETIÇÃO DE TRIBUNAL DE MOOT realizada no Siddharth Law College, Gandhinagar, Gujarat. Ele possui um grau de **PRIMEIRA CLASSE** em M.B.A. (HR) pela NIMS UNIVERSITY.

Ele carrega uma vasta experiência em **revisão / redação / verificação** em todos os tipos de contratos e mitigação de riscos para seus clientes. Ele é um especialista em manter o mais alto nível de qualidade nas operações; garantindo o cumprimento de todos os parâmetros legais e conformidades de acordo com as normas rigorosas.

Nota de agradecimento

Gostaria de agradecer a todos os leitores pelo seu apoio ao ler este livro. Espero que este livro o ajude a aumentar a sua produtividade, bem como a aprimorar a sua personalidade profissional. Quando me sento para escrever sobre ideias ou percepções que desejo compartilhar aqui, sempre há uma consideração em minha mente de como este livro pode beneficiar meus leitores. Com tantos recursos e artigos maravilhosos por aí compartilhando ótimos conteúdos e ideias, quero ter certeza de que meus leitores estão felizes com a decisão de passar algum tempo de qualidade aqui no meu livro e aprender os truques para aprimorar sua carreira profissional.

TUDO DE BOM,
Sr. Swapnil P. Modi
M.B.A. (HR) e LL.B. (MEDALHISTA DE OURO)

www.ingramcontent.com/pod-product-compliance
Lightning Source LLC
Chambersburg PA
CBHW070648220526
45466CB00001B/337